Gottfried Schille

# Die dich rühmen, haben ihren Tag gewonnen

Psalm-Nachdichtungen

Gottfried Schille

# Die dich rühmen, haben ihren Tag gewonnen

**Psalm-Nachdichtungen**

Herausgegeben im Auftrag des Lutherischen Kirchenamtes
der Vereinigten Evangelisch-Lutherischen Kirche
Deutschlands (VELKD)

Bibliografische Information Der Deutschen Bibliothek
Die Deutsche Bibliothek verzeichnet diese Publikation in der Deutschen Nationalbibliographie; detaillierte bibliografische Daten sind im Internet über http://dnb.ddb.de abrufbar.

ISBN 3-9809127-4-4

Umschlaggestaltung: Reichert dtp+design, Dormagen
Redaktion: Udo Hahn
Satz: Sabine Rüdiger-Hahn, Sehnde
Druck: Breklumer Druckerei, Breklum
www.velkd.de
Printed in Germany

# Vorwort

Auf der Tagung der Generalsynode der Vereinigten Evangelisch-Lutherischen Kirche Deutschlands (VELKD) im Oktober 2004 hat der Leitende Bischof Dr. Hans Christian Knuth (Schleswig) angeregt, die VELKD möge ihre Arbeit für die Gemeinden und Einrichtungen im Jahr 2005 in besonderer Weise dem Thema „Spiritualität" widmen. Unter dem Begriff wird gegenwärtig sehr Unterschiedliches verstanden. Häufig geht es um die Entdeckung spiritueller Formen aus anderen Religionen, die wegen ihrer Fremdheit einen gewissen Reiz haben, und um den Gebrauch solcher Elemente, durch den die Sehnsucht nach neuen religiösen oder transzendenten Erfahrungen erfüllt werden soll.

Demgegenüber geht es der VELKD um die Wiederentdeckung und Neubelebung christlicher Spiritualität, die auf eine lange Tradition bauen kann. Die christliche Kirche hat seit ihren Anfängen recht unterschiedliche Formen aus ihrer Lebenswelt genommen und geprägt oder auch neue entwickelt, um dem Glauben Gestalt zu geben. Es sind sowohl Formen, in denen Einzelne ihre Beziehung zum dreieinigen Gott zum Ausdruck bringen, als auch solche, die gemeinschaftlich in einer Gruppe oder Gemeinde ihren Platz haben. Der Glaube, der zum Ausdruck kommt, gewinnt nicht nur Gestalt für uns selbst, er wird als Realität inmitten der Welt wahrgenommen und erfährt dadurch Stärkung für uns. Wir werden in allen Unsicherheiten und Zweifeln des Lebens der Nähe zu Gott gewiss und fähig, von ihm Kraft zu empfangen.

In den lutherischen Kirchen ist die Spiritualität zuerst mit dem Bibelwort und mit dem Gebet verbunden. Im Alltag innehalten, Einkehr, Stille, geistliche Übungen wie Meditation, Fasten u.a.m. geben in uns Raum für die biblischen Botschaften und das Beten, öffnen uns für die Gottesbegegnung in ihnen – dass wir in der quirligen, aufregenden und faszinierenden, zugleich auch verunsichernden und beängstigenden Unruhe des Tages Frieden finden.

In besonderer Weise kommen Gottesbotschaft und Gebet in den Psalmen der hebräischen Bibel, dem Alten Testament, zum Ausdruck. Durch Jahrhunderte hindurch haben sie Gott einen Weg zu den Menschen bereitet und den Menschen einen Zugang zu Gott. Sie machen Gott transparent als den, der sich uns zuwendet. Zugleich erkennen wir: Alles Menschliche ist in ihnen aufgehoben. So sind sie bereit, auch eine jede und einen jeden von uns heute aufzunehmen, unserem Empfinden und Fragen, dem Sinnen und Trachten einen Ort zu geben – vor Gott und bei ihm.

In diesem Buch wird nun eine große Anzahl der Psalmen für das Hören, Nachsprechen und Meditieren mitten in der heutigen Alltagswelt angeboten. Damit die Texte unmittelbare Anknüpfungspunkte an unsere Lebenswelt erhalten, hat der Verfasser die biblischen Psalmen neu gesprochen. Er nennt diese aktualisierenden Nachdichtungen „Transformationen“ (zum Verständnis vgl. seine Einführung auf den Seiten 7-10).

Pfarrer Dr. Gottfried Schille ist als Wissenschaftler durch exegetische Veröffentlichungen zum Neuen Testament bekannt geworden. Er war zugleich Gemeindepfarrer in Borsdorf und Dozent für Neues Testament am Theologischen Seminar Leipzig, einer Hochschule der drei lutherischen Kirchen von Mecklenburg, Sachsen und Thüringen. Er lebt in Borsdorf bei Leipzig.

Möge dieses Buch eine Hilfe werden, wenn wir mit Psalm 4 sagen: „Ehe der Tag sinkt, wollen wir anbeten. Ehe die Nacht kommt, wollen wir danken.“

Hannover, im Dezember 2004

Hans Krech
Oberkirchenrat, im Lutherischen Kirchenamt der VELKD

# Einführung

Transformatoren sind Umspanner. Transformationen haben von diesen ihren Namen, weil es auch in ihnen um Spannung geht: um die Erhaltung der in einem alten Text erkennbaren Spannungsmomente. Eine Transformation ist deshalb keine Übersetzung, bei welcher die ursprüngliche Spannung häufiger, als man ahnt, in der Wörtlichkeit untergeht, und auch keine Übertragung mit deren oft umständlicher Breite. Sie enthält jedoch Elemente von beiden, vor allem die Textbindung. Die Transformation will die ursprüngliche Aussage eines Textes in der Sprache der Gegenwart aussprechen. Die Zeitspanne zwischen antik-biblischen Texten und moderner Ausdrucksweise ist sehr groß. Nicht nur die Sprache und deren Gebrauch, sondern auch die Wortbedeutungen und – schwererwiegend – das zur Veranschaulichung herangezogene Bildmaterial haben sich zum Teil völlig gewandelt. Die Transformation sucht den Sprung vom Einst ins Jetzt auf dem Weg einer Neuschöpfung zu bewältigen. Sie beansprucht den Wert eines Originals. Sie wird vom Text weitgehend „unabhängig“. Sie steht auf sich selbst.

Die Christenheit hat in ihrer Geschichte von Anfang an und immer wieder transformiert. Die älteste uns bekannte Transformation war die Aufnahme alttestamentlicher Worte als „Prophetie“ in den Weissagungsbeweis auf Christus. Wir beobachten den Vorgang in der Leidensgeschichte Jesu und in ältesten urchristlichen Hymnen (etwa Philipper 2,6-11), aber auch ganz allgemein im Neuen Testament; er ist schon für den vorchristlich-jüdischen Bereich des Mönchsordens von Qumran belegt.

Jünger sind die Transformationen im Liedgut. Hier ragen die Psalmenbereimungen der reformatorischen (Martin Luther) und nachreformatorischen Zeit heraus (besonders in der reformierten Tradition). Es ist daher kein Wunder, dass ein Teil der hier vorgelegten Versuche diese Tradition fortzusetzen sucht und rhythmische Struktur aufweist, auch wenn diese nicht jedesmal sofort erkennbar ist. Im streng geformten Lied kommt die Transformation als Neuschöpfung zur Vollendung.

Eine Transformation setzt drei Arbeitsgänge voraus, die jeder für sich wieder mehrere Handgriffe einschließen. Wir machen uns das an einem Bild deutlich: Jede Übersetzung ähnelt dem Übersetzen über ein Meer. Wer das Wagnis auf sich nehmen will, sollte vorher drei Dinge bedenken:

1. Er möchte über die Ladebedingungen des Ausgangshafens Erkundigungen einziehen – ohne Bild: Er muss die Intention des Urtextes, die Spannung seiner Verkündigung, erheben;
2. er möchte über die Ladebedingungen des Zielhafens Bescheid wissen – ohne Bild: Er muss die heute gesprochene Sprache und ihre künstlerischen Möglichkeiten suchen;
3. er sollte die Gefahrenmomente unterwegs kennen und meiden, um „Transportverluste“ zu verhindern – nicht im Bild gesprochen: Ziel ist nicht ein heute ohne weiteres eingängiges Wort, sondern eine Aussage, in der die Verkündigungsspannung von einst wiederkehrt, allerdings „neu“, eben transformiert in modernes Denken. Anders ausgedrückt: Eine Transformation ist so gut, wie es ihr gelingt, moderne Verkündigung zu sein.

Die Lebensbedingungen haben sich seit der antik-biblischen bis in unsere Zeit total gewandelt. An die Stelle des nomadischen oder bäuerlich-sesshaften ist das technisch-mobile Leben getreten. Darum haben sich auch die Lebenserfahrungen gewandelt und mit ihnen das Bildgut, mit dessen Hilfe Verkündigung veranschaulicht werden kann. Nehmen wir ein paar Beispiele: Das Bild des gerüsteten tapferen Mannes sagt für die Zeit der Friedensbewegungen nicht mehr viel. Das Bild des Hirten, der seine Herde mutig gegen reißende Tiere verteidigt, ist ins Schäfer-Idyll abgesunken. Wer Arbeit stets nur mit dem Weinberg statt mit der Fabrik begründet, erreicht das Ohr unserer Zeit kaum noch. Die gegebenen Bilder radikal der Alltäglichkeit seiner Zeit angeglichen zu haben, war das hervorragende Verdienst der Übersetzung (!) Dr. Martin Luthers. Wer transformieren will, wird sich in dieser Hinsicht nichts nehmen lassen dürfen. So wird jeder Versuch einer Transformation gleichzeitig einen mehr oder weniger großen Beitrag zu der noch kaum bewältigten Aufgabe leisten, für die Verkündigung neue, unserer Lebenserfahrung entnommene Bildbereiche zu erschließen, neue „Symbole" zu schaffen.

Die Auswahl nachstehender Transformationen folgt keinen bestimmten Grundsätzen, höchstens dem Wunsch, etwa ein Drittel der Psalmen und möglichst von allen Gattungen wenigstens ein Beispiel zu bearbeiten. Ursprünglich von den ersten fünfundzwanzig Psalmen ausgehend, hat die Arbeit bald den ganzen Psalter erfasst. Die weitere Auswahl ergab sich von selbst. Bei einigen Psalmen (etwa Psalm 100 oder 107, auch bei dem kurzen Psalm 117) ist eine Transformation kaum nötig. Bei anderen (bestes Beispiel Psalm 104) sind gute Transformationen allgemeiner bekannt geworden. Wieder andere eignen sich weniger gut für unser Unternehmen, weil sie einen Gang durch die Gottesgeschichte darbieten (105, 106) oder der Geschichte des Gottesvolkes verpflichtet sind (137!), weil sie Gesänge auf das judäische Königtum darstellen (45, 101) usw. Besonders häufig schelten Psalmen das Treiben der „Gottlosen" (man könnte fast an eine Gesamtredaktion des Psalters unter diesem Gesichtspunkt denken) und entsprechen damit nur wenig dem Geist Christi. Man könnte selbstverständlich auch aus solchen Psalmen Verse und Versgruppen herausnehmen. Aber die Transformation sieht die Originaltexte nicht als Material an, aus dem man wie aus einem Steinbruch passende Blöcke bricht, sondern als normative Originale, deren Intention im neuen Entwurf wiederkehren soll. Wo ich dem Anschein nach Psalmenpartien fortließ, bitte ich, den Vergleich genauer vorzunehmen. Meist kehrt das Vermisste in der Transformation wieder, vielleicht verknappt, sicher umgesprochen und nur dann übergangen, wenn die Auslegungsgeschichte das im Psalm Gesagte „erfüllt" hat (zum Beispiel kann man sich in unserem Raum Aussagen über „tote" Götzen sparen, gerade weil man den Gedanken bejaht). Die Verknappung, ein Zug der modernen

Lyrik, wird möglicherweise in einer barockeren Zeit anders beurteilt werden. Sie erinnert daran, dass man unterschiedlich transformieren kann. Die folgenden Texte wollen mehr zum selbständigen Transformieren (Musiker würden sagen: zur freien Improvisation) anregen als zur sklavischen Übernahme.

Unsere Zeit entdeckt die alttestamentliche Klage wieder. Die härtesten Sätze nahm ich oft wörtlich aus dem Urtext. Doch scheint mir die Aufgabe weniger darin zu bestehen, unsere Klagelitaneien über den Text auszuschütten, bis dessen schwaches Lob verätzt ist, als vielmehr umgekehrt am Lob der Klagenden von einst das Danken einzustudieren.

Der Titel des Buches – „Die dich rühmen, haben ihren Tag gewonnen" – stammt aus Psalm 90.

Borsdorf, im Dezember 2004

Dr. Gottfried Schille

## *Psalm 1*

Glücklich, der sich nicht selbst erhöht
oder entschuldigen muss,
weil er vollkommen sein will,
sondern Gott umsonst empfing
und aus der Güte des Herrn lebt
Tag und Nacht.

Der ist wie ein Baum,
gepflanzt vor dem Wald.
Der Sturm macht ihn stark
und keine Bö fällt ihn,
den einzigen Freien ringsum.

Alle anderen stürzt der Sturm
mit ihrem Wurzelstock
am bösen Tag,
einer reißt den anderen um.
Aber der Herr hält aufrecht,
die aus seinem Freispruch leben.

## *Psalm 2*

Warum versammeln sich Könige und Fürsten?
Warum planen sie, was so vergeblich ist?
Wahrlich ja, sie haben sich versammelt
gegen deinen Sohn, unsern Herrn:
Herodes und Pontius Pilatus
mit Scharen aus vielen Ländern,
zu tun, was du beschlossen hast.

Sie fügen Balken zu einem Kreuz
und nageln Jesus daran,
deine rechte Hand, wie du sprachst:
Du bist mein Sohn,
an dem ich Gefallen habe.
Aus allen Sprachen will ich dir Menschen geben
und der Welt Enden zum Eigentum.

Er aber rief in der Stunde der Angst:
„Nicht mein, dein Wille geschehe!"
und in der Stunde des Todes:
„In deine Hände befehle ich mich!"
Darum hast du ihn hoch erhöht,
dass er Herr sei über alle Sprachen.
Wohl allen, die auf ihn hoffen.

## *Psalm 4*

Ehe der Tag sinkt, wollen wir anbeten.
Ehe die Nacht kommt, wollen wir danken.
Gutes und Arges häuft sich auf,
und am Abend bedrängt uns seine Menge.
Aber der Herr schafft uns Raum.

Wir legen uns im Frieden zur Ruhe,
denn der Herr macht unsern Tag heil.

Gibt dieser Tag ein wenig Grund zum Danken,
lasst uns den andern davon berichten.
Was sich an Argem aufgetürmt,
das verliert seine Kraft, der Zorn brennt nieder,
wenn wir des Guten gedacht.

Wir legen uns im Frieden zur Ruhe,
denn der Herr macht unsern Tag heil.

Haben wir so den Tag mit Dank beschlossen,
sehen wir auch im Argen das Gute.
So wird das Ganze zum Geschenk
und schön wie in Zeiten reicher Ernte,
und unser Abend wird licht.

Wir legen uns im Frieden zur Ruhe,
denn der Herr macht unsern Tag heil.

## *Psalm 5*

Herr, höre auf unsere Worte,
achte auf unsere Rede.
Vernimm unseren Ruf,
unser Herr und unser Gott.
Denn wir wollen zu dir beten.
Beim Grauen des Morgens höre uns an,
unter den ersten Strahlen der Sonne.
Zu dir wenden wir uns.

Gottloses Wesen gefällt dir nicht.
Wer Arges plant, wird Arges empfangen.
Große Worte magst du nicht.
Allem Üblen bist du gram.
Wer lügt, muss dich fliehen.
Falsche werden nicht bestehen.
Darum halte du selbst uns fest
und bring uns zurück, wenn wir von dir weichen.

Denn eine Kirche, die nicht auf dich achtet,
ist wie ein offener Ofen,
der Zentner verschlingt
und doch keine Wärme hält.
Lass unsere Lippen verlässlich sein.
Diesen Tag nimm von uns die Bosheit,
welche gute Worte spricht
und das Üble meint.

## *Psalm 6*

Ach, Herr,
wenn auch du noch zuschlägst,
werde ich zerbrechen,
wenn du mich im Zorn strafst,
werde ich auslöschen.
Tragen kann ich nicht mehr,
nur noch rufen: Wie lange?

Du könntest mir helfen, du allein.
Mach mich wieder heil.
Mit mir stirbt mein Lied.
Welcher Tote könnte dich loben?
Schlaflos wälze ich mich im Bett.
Wohin ich blicke, sitzt die Sorge.
Selbst die Träume schrecken mich wach.

Der Herr wird mir helfen;
denn er sieht die Tränen
und hört alle Klagen.
Er lässt kein Wort zu Boden fallen.
Die mich bedrängen,
werden mir ihre Freundschaft anbieten.
Denn der Herr hilft plötzlich.

## *Psalm 8*

Herr aller Welten,
wie herrlich ist dein Name in allen Ländern:
Bis in die fernsten Fernen des Alls
reicht deine Hand.

Kinder bestaunen eher als Gelehrte,
ja, Säuglinge schon preisen mit frohem Krähen,
was sie von dir empfingen.
Denn der Tor ruft zu Zank und Neid,
sie aber besingen die empfangene Liebe.

Sehe ich die Gestirne, deiner Finger Werk,
den Mond und die Welten aus deiner Hand:
Wie so gar nichts ist der Mensch,
ein Staubkorn auf unbedeutender Erde.
Aber wie hoch hast du, Gott, ihn erhoben.
Er ist fast wie du selbst.

Seine Werke sind schneller als jeder Vogel,
seine Hände greifen bis ins Innerste der Erde
und weit hinaus in die Sternenwelt.
Du hast ihn zum Herrn der Welten gemacht.
Nichts ist seinem Geist entzogen
und seinem Zugriff kein einziges Ding.

Herr aller Welten,
wie herrlich ist dein Name in allen Ländern!

## *Psalm 11*

Der Herr ist gerecht
und fordert Verantwortung.
Sucht nach dem, was er gern hat.

Manche sagen: Bring dich in Sicherheit;
denn die Zeiten sind schlecht,
die Menschen suchen nur Arges
und reißen nieder, was andere bauten.
Was kann schon ein Frommer ausrichten?

Der Herr sieht auf uns,
er geht mit uns tagaus und tagein.
Selbst die Nacht verbirgt nichts vor ihm,
weder die gute Tat im geheimen
noch das unnütze Wort vor vielen.

Der Herr ist gerecht
und fordert Verantwortung.
Lohn und Vergeltung sind in seiner Hand.

## *Psalm 15*

Herr, wer darf zu deinem Tisch treten,
wer ist würdig, dich selbst zu empfangen?

Wer zu dir kommt wie zum Arzt
und dankbar ist.

Darum sucht er die Wahrheit
und verrät keinen anderen.
Weder bedrückt er den unter ihm,
noch sucht er, den über ihm zu bestechen.
Für seine Neider tritt er ein,
als wären es die eigenen Kinder.
Er steht zu seinem Wort,
auch wenn es ihm schadet,
und hilft dem Armen.

Denn was er von dir empfing,
kann er nicht für sich behalten.

Wer sich so verschenkt,
den wirst du empfangen.

## *Psalm 15*

Refrain:
Wer darf zu deinem Tisch treten,
wer ist würdig, dich selbst zu empfangen?

Wer zu dir kommt wie zum Arzt
und, was er von dir empfing,
nicht für sich behalten kann.
Wer dankbar ist.

Wer keinen anderen verrät
und stets nach der Wahrheit sucht.
Die Schwächeren drückt er nicht,
besticht auch nie,

selbst für den Neider besorgt,
als wär' er das eigene Kind,
und steht noch zu seinem Wort
auch bei Verlust.

Hat er vom Helfer gelernt,
sich schenken nach deiner Art,
dann lädst du ihn wieder ein
als deinen Gast.

## *Psalm 16*

Halte uns fest, Herr.
Denn wir halten fest an dir.
Du hast dich zu uns geneigt,
und wir kennen nichts Besseres als dich.

Einige hören auf dich.
Auf sie wollen wir achten.
Andere nennen deinen Namen,
aber sie meinen sich selbst.
Das verschließt uns den Mund:
Wir können von ihnen nichts lernen.

Der Herr ist unser bestes Teil.
Vor ihm wollen wir fröhlich sein.
Er sprach uns frei
um des Gekreuzigten willen.
Tags lobt ihn unser Lied
und des Nachts der Schlag unserer Herzen.

Wir haben sein Kreuz vor Augen.
Wenn wir anderen geben,
was wir von ihm empfingen,
werden wir der Vergessenheit nicht verfallen.
Unsere Straße führt in offenes Land,
in welchem die Freude lacht.

## *Psalm 19*

Gestirne erzählen von Gottes Macht,
ferne Welten verkünden sein Werk.
Ein Tag sagt es dem anderen,
und eine Nacht tut es der anderen kund,
ohne Sprache und Worte,
und doch überhört niemand die Rede.
Denn sein Geist erdachte alle Gesetze,
die Ordnungen, nach denen sie sich bewegen
von Jahrmillionen zu Jahrmillionen.

Da sollten wir schweigen,
nicht reden von deinen Gaben?

Auch uns gab der Herr die Ordnung,
uns gab er sein eigenes Wort:
Dass, wer weise will werden,
sich selbst für andere einsetzen muss,
wie Jesus Christus gesagt hat,
erfüllt hat durch seinen Tod.
Das ist mehr wert als Tonnen Gold,
edler als beste Arbeit
und süßer als Frauenliebe.

Da sollten wir schweigen,
nicht reden von deinen Gaben?

## *Psalm 21*

Du, Herr, bist würdig,
zu empfangen Dank und Lob und Preis und Ehre
von Jahrhundert zu Jahrhundert
über die ganze Erde hin.

Denn du bist zu uns getreten
und hast dich an unserer Stelle ausgeliefert.
In der Stunde der Gefahr
warst du vor deiner Schar
und hast dich dem Feind
an unserer Stelle ausgeliefert.
Als er das Urteil über dich sprach,
bist du mit Geduld und Beharrlichkeit
in die Nacht des Todes gegangen,
in die Nacht der Verlassenheit,
der Verlassenheit selbst von Gott.

Du trittst ein für uns vor deinem Vater,
der dich erhoben hat auf den Platz des Regenten.
Deine Hand findet alle deine Freunde,
deine Rechte alle, die sich zu dir bekennen.
Du überschüttest sie mit guten Gaben
und Gedanken,
eine heimliche Krone setzt du auf ihr Haupt.
Kraft und Hilfe und Trost finden sie bei dir,
Vergebung aus deinem Munde
und Freude, die nicht endet, unter deinen Augen.

Wahrlich: Du bist würdig,
zu empfangen Dank und Lob und Preis und Ehre
von Jahrhundert zu Jahrhundert
über die ganze Erde hin.

*Psalm 23*

Refrain:
Weil der Herr uns leitet,
gehen wir fröhlich in den neuen Tag.

Unser Leben ist wie eine Fahrt:
morgens zur Arbeit und abends nach Hause,
und der Herr fährt mit.
Wir ziehen hinaus zum See
und in fremde Länder,
und der Herr bleibt neben uns.

Jeder Tag gibt Grund zu neuem Dank:
reichliche Pflichten und heimliche Gaben
aus der Hand des Herrn.
Wir gehen zu frohem Tanz
und zu stiller Einkehr,
ein Geschenk liegt stets bereit.

Auch am Tag der Angst ist er uns nah,
wenn wir erschrecken, vom Unfall bedroht sind,
jäh der Mut erlischt.
Wer kennt unsere Not wie du?
Du suchst längst nach Helfern.
Du hörst jeden Hilferuf.

Unser Leben ist wie eine Fahrt:
Früh voll Versprechen und abends voll Freude,
Denn du gibst weit mehr:
Wir bitten dich um Geleit,
und du schenkst dich selber.
Jeder Tag wird ein Gewinn.

## *Psalm 24*

Das All ist des Herrn
und was darin ist,
unsere Erde
und die auf ihr wohnen.
Diesen Planeten hat er
uns zur Heimat gegeben.
Allen Menschen hat er im All
eine Insel des Lebens bereitet.

Wer kann vor ihm bestehen,
vor ihn treten ohne Furcht?
Wer Hände hat, nicht besudelt mit Blut,
einen Verstand, nie gegen andere.
Wer keinen heimlich betrügt,
sich nicht bereichert an fremder Arbeit,
über den wird der Herr seine Gabe schütten,
ihn wird er wie einen Bruder begrüßen.

Öffnet die Tore,
tut alle Türen weit auf,
dass der Herr aller Herren hereintrete!
Wer ist der Herr aller Herren?
Es ist der Herr,
stark und mächtig,
der Herr,
mächtiger als der Krieg.

Öffnet die Tore,
tut alle Türen weit auf,
dass der Herr aller Herren hereintrete!
Wer ist der Herr aller Herren?
Er heißt Jesus Christus.
Er ist der Herr aller Herren.

## *Psalm 30*

Ich danke dir. Du hast nicht zugelassen,
dass ich für immer aus der Arbeit scheide.
Du gabst, dass mir erneut das Leben lacht.
Ich bat, und du hast mich gesund gemacht.

Ich dachte nicht an dich in guten Tagen.
Da flohst du meine Nähe, und erschrocken
sah ich von dir nichts mehr, ich sah nur Tod.
Drum rief ich laut, zerbrochen vor der Zeit.

„Was nützt dir, Gott", rief ich, „wenn ich jetzt sterbe?
Kann ich im Tod noch deinen Ruhm verbreiten,
sind meine Tage aus, bin ich dahin?
Mach mich gesund, dass ich dir dienen kann."

Am Abend war nur Weinen, war nur Klage,
am Morgen Jubel über deine Hilfe.
Nach Tränen tanz ich einen Reigen dir
und sing dein Lob. Ich schweige nun nicht mehr.

## *Psalm 34*

Den Herrn will ich loben Tag für Tag.
Solange ich lebe, soll sein Lob
in meinem Munde sein.
Still halten kann ich nicht, bis alle es hören
und sich mit mir freuen.
Wir wollen seinen Namen miteinander erheben!

Ich suchte den Herrn, und er begegnete mir.
Eigentlich hätte ich vor Scham
rot anlaufen müssen,
doch er hat meine Angst von mir genommen.
Wie ein Nebel war er, der mich verbarg,
wie ein geöffnetes Haus in der Nacht.
Die ich fürchtete, übersahen mich.
Die Not, vor der mir graute, blieb aus.
Das muss ich euch allen erzählen!
Viele halten sich für glücklich in ihrem Geld,
aber Reichtum ist nur, was die Not löst:
Wer den Herrn hat, wird keinen Mangel haben.

Ihr wollt fröhlich leben und gute Tage sehen?
Lasst alles, was dem Herrn missfällt!
Liebt die Wahrheit und hütet eure Zunge,
baut Brücken zueinander.
Der Friede fordert höchste Opfer.
Der Herr achtet auf das, was anderen dient.
Aber die um sich schlagen, bleiben ohne Hilfe.

Denn er steht den Unglücklichen bei,
sein Herz schlägt für die Entrechteten.
Er, er stößt keinen hinaus in die Nacht,
er, er tritt auf keinen Zerbrochenen.

## *Psalm 36*

Gott lässt seine Sonne scheinen
über Gute und Arge,
er sendet Schnee und Hitze zur Freude für alle.
Seine Güte reicht so weit wie das All
und seine Treue weiter, als Menschen dringen.
Seine Gerechtigkeit steht wie ein festes Haus
und seine Freundlichkeit
wie ein blühender Garten.
Wie den Menschen hilft er auch den Tieren,
keins lässt er jemals aus dem Blick.
Alle sättigt er von den Ernten der reichen Erde,
mit dem Wasser, das das Land fruchtbar macht.
Er ist die Quelle des Lebens,
der Funke Hoffnung, die jedem bleibt.

Breite deine Güte unter die Füße unserer Kinder,
decke deine Treue über uns bei Tag und Nacht!
Denn die über deine Hände schreiten,
werden von deinen Händen bedeckt.

## *Psalm 39*

Schweigen will ich, obgleich es mir
auf der Zunge brennt.
So hüte ich meine Zunge, fern von der Freude,
und fresse mein Leid in mich hinein.
Doch in meinem Herzen brennt es wie Feuer.
Du hast es getan, darum kann ich vielleicht reden.

Wie schwer buchstabiert sich das Wort
„du musst sterben",
dass mein Leben ein Ende nimmt
und ich davon muss!
Mehr bleibt mir nicht als eine Handbreit,
mein Leben ist wie ein Nichts vor dir.
Ich begreife nicht mehr,
wie sicher ich früher lebte.
Was war das? Ein Schattentanz?
Wie viel sinnlose Sorgen:
Wir drängen und horten – wer wird es essen?

Worauf, Herr, kann man sich verlassen?
Ich vertraue dir. Lass mich nicht zum Spottlied
werden. Wenn du nach uns greifst, zernagst du
unsere Schönheit
wie die Wühlmaus den jungen Baum.
Wie so gar nichts ist doch das Leben.
Das ist es: Wir sind hier nur Gäste
wie fahrendes Volk.

## *Psalm 49*

Das ist mir ein kluges Wort:
Der Tod ist uns sicher,
und in ihm sind wir alle gleich.

Da hat zum Beispiel einer ein großes Konto,
sagte ich: eins?, nein: vier oder fünf, schön verteilt,
auch ein Grundstück, Auto,
begehrenswerten Beruf,
er hat, was man so braucht, „um zu leben".
Und er verlässt sich darauf.
Der Arme.
Was kann er mit seinem Geld schon erreichen?
Dass die Frau länger lebt, die er liebt?
Dass er selbst nicht getragen wird
vom letzten Lager?

Nimm einen klugen Mann,
der sich alles auf das beste überlegt.
Er muss gehen genau wie die anderen,
die er verachtet,
er muss ihnen lassen, was er vor ihnen verbarg!
Was nutzt ihm,
dass man sich beim Klang seines Namens neigte?

Lass dich's nicht anfechten,
wenn ein anderer groß wird,
reich und erhaben,
so dass er dich nicht mehr sieht!
Er wird beim Sterben von allem nichts mit sich
nehmen, man wird ihm seinen Reichtum nicht
hinterher tragen können.
Mag sein, er freut sich seines guten Lebens,
und man lobt auch, dem es gut geht.
Doch im Tod sind sie einander alle gleich.

## *Psalm 50*

Gott macht bekannt, was er sucht.
Unser Gott kommt und schweigt nicht.
„Versammelt mir meine Gemeinde,
für die ich mein Bestes gab.
Sonne und Wolken, seid meine Zeugen!“
Gott selbst kommt als Richter.

Hört zu, seid einen Augenblick still!
Ich führe nicht Klage eurer Gaben wegen,
ich weiß, wie wenig oder sehr ihr euch anstrengt.
Geld benötige ich wahrlich nicht für mich selbst.
Mir gehört doch das All, die ganze Erde
mit ihren unendlichen Reichtümern,
die ihr noch lange nicht alle entdeckt habt.
Und doch sollt ihr dankbar sein,
sollt ein schönes Opfer geben,
wie ihr in harter Stunde versprochen habt
oder in der dankbaren Runde eurer Lieben.
Denn wenn ihr mich ruft, höre und helfe ich auch,
und ihr sollt mich preisen.

Ein schlechter Dienst des Dankes wäre,
wenn einer die Gebote im Mund führt,
und die Ordnungen ständig verwischt.
Er stiehlt nicht, er „organisiert“,
bricht keine Ehe, „vernascht nur die Mädchen“,
er gibt kein falsches Zeugnis,
er macht nur die Leute schlecht.
Wenn ich schweige, bin ich gar noch sein Zeuge:
„Gott schweigt“, sagt er, „es muss richtig sein.“
Heute will ich dir über dein Mundwerk fahren.

Seht zu, dass ihr daraus lernt,
ehe ich euch zur Verantwortung ziehe!

Doch wer dankt, ist auf gutem Weg.
Wem das Herz voll ist,
der kann die Hände nicht binden

um des Bedürftigeren willen,
den es überall gibt.
Das ist der Dank, der heil macht.

## *Psalm 51*

Gott, sei mir gnädig in deiner Güte,
sei barmherzig mit mir um Christi willen.
Wasche mich rein von meiner Schuld.
Reinige mich von allen meinen Vergehen.
Denn ich erkenne meine Sünde,
was ich falsch gemacht habe, ist mir bekannt.
An dir, mein Gott, habe ich mich vergangen,
an deinem Recht habe ich mich vergriffen.
Was du sprachst, war richtig.
Deine Ordnungen sind gerecht.

Aber um mich steht es schlecht,
von Anfang an: Irrende waren meine Eltern,
Unvollkommene werden auch meine Kinder sein.
Du siehst tiefer als wir: ins Verborgene,
was ich nicht wissen konnte,
hast du mir bewusst gemacht.

Ich bitte dich um Verzeihung.
Wasche mich rein durch das Blut deines Sohnes.
Du hast mich zerschlagen, richte mich wieder auf.
Trenne dich nicht von mir,
sondern streiche die Schuld wie ein Freund.

Schaffe mir, Gott, ein reines Herz
und gib einen Geist, der die Treue hält.
Treib mich nicht weg von dir
und nimm deinen Geist nicht von mir.

Dann will ich für dich eintreten.
Alle, die deine Ordnung brechen, sollen es hören.
Denn ich will nicht in tiefere Schuld sinken,
ich möchte nicht in der Schande enden.

Tu meine Lippen auf,
dass mein Mund deinen Ruhm künde.
Ein anderes Opfer suchst du nicht
als ein dankbares Herz.

## *Psalm 52*

Da sitzt er, Doeg[1], in seinem Zimmer:
hinter Glas, gepanzerte Wände,
für alle Fälle zwei Notausgänge,
damit keiner an ihn herankommt,
und leitet die Geschicke von Millionen
wie an einem Schaltpult.
Nationen bringt er gegeneinander auf
und die Wirtschaft ganzer Staaten durcheinander
um des Profites willen
und hat doch schon mehr, als er verbrauchen kann
in dreihundert Jahren.

Aber wenn Gott spricht, werden alle reden.
Sogar seine eigenen Bediensteten werden sagen:
„Das war, der sich statt auf Gott
ausschließlich auf sein Geld verließ
und Macht genug hatte, Schaden anzurichten."

Wir aber sind nicht so armselig dran,
dass wir keine Freunde hätten.
Gott gibt uns genügend für unser Leben
und für das Auskommen unserer Kinder.
Er dagegen muss sich fürchten
vor Gott und vor den Menschen,
die ihm gemeinsam das Handwerk legen werden.

Anmerkung:

[1] Doeg, der Edomiter, diente sich König Saul an; er erschlug die Priester von Nob, die David auf der Flucht vor König Saul unterstützt hatten, sowie Mann und Frau, Kinder und Säuglinge und alles Nutzvieh der Stadt (1. Samuel 22,18f.).

## *Psalm 55*

Darf ich dir sagen, Herr, was mich bedrückt?
Darf man so etwas vor dich tragen?
Nachts kann ich nicht mehr richtig schlafen,
und bei Tage verwirren sich meine Gedanken.
Manchmal denke ich: Wärst du ein Vogel,
dass du weit davonfliegen könntest,
oder eine Maus, die sich verkriechen kann.

Sie sagen: Man beschmutzt das eigene Nest nicht!,
nur um mich mundtot zu machen;
in Wahrheit sucht ein jeder das Eigene
und wie er den anderen beiseite schieben kann.
Wäre es mein Feind, ich könnte es ertragen,
aber nun sind es die eigenen Freunde,
die wir freundlich miteinander waren
und dir in der gleichen Kirche dienen.

Was bleibt mir, als zu dir zu rufen, mein Gott?
Morgens und abends und nachts bete ich.
Du wirst mir helfen und Ruhe schaffen.
Du wirst demütigen, die sich nicht ändern wollen,
die ihre Hand gegen ihre Freunde erheben.
Ihre Worte sind glatt wie Butter,
dass die eigene Freundschaft ins Rutschen gerät.

„Wirf deine Anliegen alle auf den Herrn,
denn er ist ein bleibender Freund."
Darum wende ich mich an dich, mein Gott.

## *Psalm 57*

*Am Morgen zu singen*

Mein Herz ist bereit, Herr,
mein Herz ist bereit,
dass ich singe und lobe.
Wacht auf, meine Lippen,
wache auf, mein kleines Lied,
ich will das Morgenrot wecken!

Abends rief ich: Sei mir gnädig,
sei mir gnädig, mein Gott;
dir vertraue ich mein Leben an.
Unter dem Schatten deiner Flügel
habe ich Zuflucht vor jedem Unglück,
vor dem Unglück, das mich verfolgt.

Herr, ich will dir danken
vor der versammelten Gemeinde,
dich loben vor den Leuten.
Denn deine Güte reicht,
so weit sich das All erstreckt,
deine Treue, so weit Wolken ziehen.

Ich rufe zu Gott, dem Nächsten.
Er wird meine Sache
zum guten Ende führen,
dem wehren, der mir nachstellt.
Der die Falle stellt,
wird selbst in diese treten.

## *Psalm 62*

Unruhig war ich.
Jetzt bin ich still.
Weil Gott zu mir steht.

Er ist wie ein Fels,
wie ein schützendes Cape
Draußen heulen sie im Rudel wie Wölfe.
Brandflaschen in den Händen, wurfbereit.
Ihre Rede schützt das Volk
und ihre Hände morden.

Sei ganz ruhig, mein Herz!
Gott ist deine Hoffnung.
Er schützt wie ein dicker Mantel im Hagel.
Würden mich gleich alle verachten,
er hält meine Ehre hoch,
wie einen ein Freund stützt.

Was sind Menschen, die so laut schreien?
Null mal null bleibt null.
Wer auf Gewalt setzt, wird zertreten.
Wer raubt, dem wird alles genommen.
Reichtum fährt davon
wie ein gestohlenes Auto.

Gott steht fest und vergilt
jedem, wie er's verdient.

## *Psalm 63*

Wie einen Durstigen verlangt es mich nach dir;
Gott, du bist mein Gott, den ich suche.
Ich halte Ausschau nach allen deinen Spuren,
deine Zeichen möchte ich beschreiben.
Denn deine Freundschaft ist besser als das Leben.
Darum falte ich meine Hände vor dir.

Jedes Mal werde ich froh und dankbar,
wenn du mir ein neues Wort eingibst.
Lege ich mich zu Bett, so suche ich danach,
liege ich wach, sinne ich darüber nach.
Neue Namen für dich suche ich;
„Helfer" und „Vater" sind bekannte Bilder.
Aber ich finde nichts Passendes mehr.
Alles, was mir einfällt, ist nur Gestammel.

## *Psalm 65*

*Erntedank*

Unsere Kirche ist ein Ort zum Danken.
Da ist Ruhe, um still zu werden vor Gott.
Wir denken an seine Vergebung.
Verdient haben wir es nicht.
Dann suchen wir ein Wort des Dankes.
Wie viel Grund dazu haben wir doch!

Hungrige sagen dir Dank
für die kleinsten Geschenke
überall auf der ganzen Erde,
am meisten dafür, dass du Gerechtigkeit liebst.
Forscher bewundern den Reichtum deines Bodens,
Seefahrer deine rettende Macht.
Du erregst Verwunderung bei allen,
die deine Gesetze studieren,
bei allen Menschen in Stadt und Land.

Wenn du deine Hand öffnest, regnet es,
dass selbst Steppen
zur fruchtbaren Landschaft werden.
Gottes Brunnen hat reichlich Wasser.
Dein Getreide steht in vollen Ähren.
Dein bestelltes Land trägt reife Früchte.
Die Tüten, die du mit Lohn füllst, sind voll.
Deine Kühlschränke lohnt es zu öffnen.
Dein Tisch bricht unter deinem Segen.

## *Psalm 69*

Herr, hilf mir!
Denn das Wasser geht mir bis an die Kehle.
Ich versinke wie im Moor.
Meine Füße haben noch keinen Grund gefunden.
Ich habe mich müde geschrieen,
mein Hals ist heiser.
Aber da ist keine Hilfe.

Ich soll zurückerstatten, was ich nicht nahm.
Du, mein Gott, kennst meine Fehler,
meine Schwachheiten sind dir nicht verborgen.
Hilfst du nicht, werden irre,
die auf mich sehen,
die an mir deine Gerechtigkeit prüfen.

Meinen Verwandten bin ich fremd geworden,
so habe ich mich für deine Sache verwandt,
und der Spott derer, die über dich spötteln,
ist an mir hängen geblieben.
So weine ich vor mich hin,
sie aber bespötteln nun meine Tränen.
Am Stammtisch schüttelt man den Kopf
über mich.

Ich aber bete zu dir, Herr.
Ist dies jetzt eine dir genehme Stunde?
Du bist doch gütig und wie ein Freund.
Rette mich aus dem Moor,
das mich in seinen Armen hält,
ehe es über mir zusammenschlägt.

Ich warte, ob einer Mitleid mit mir hat.
Doch sie geben mir Gift und Galle.
Den du schlägst, schlagen auch sie.

Sie reden gern vom Schmerz des anderen.
Schütze mich, Herr, vor ihrem Geschwätz!

Ich will Gott ein schönes Danklied anstimmen.
Das gefällt ihm besser als ein Geldschein,
den man im Geheimen gibt.
Die Geschlagenen sehen es und stimmen ein,
die dich suchen, deren Herz lebt auf.
„Der Herr hört die Zerschlagenen,
der das All schuf, vergisst das Kleinste nicht!“

## *Psalm 71*

Bis zu diesem Tag hast du mir geholfen.
Mein Gott, geh auch weiterhin mit mir!

Vergiss mich nicht in meinem Alter.
Verlass mich nicht in schweren Stunden.
Auf dich verließ ich mich von Jugend auf.
Du legtest mich in meiner Mutter Hände.
Wir waren freund in meinen Kindertagen.

Will mir die Arbeit sauer werden
und kann ich nicht mehr alles leisten,
dann zeige mir, wie man die Stunden nutzt.
Ich will den Enkeln von der Kraft erzählen,
von dem, was ich von deiner Nähe spüre.

Mein Leben wird mir täglich schwerer,
mich flieht der Schlaf, die Schwächen kommen:
Du lässt mich nicht in meiner großen Angst,
holst mich heraus, geleitest mich zur Sonne,
du machst mich frisch und trocknest meine
Tränen.

So will ich dir mein Loblied bringen,
mit meinen Kindern will ich preisen.
Ihr Lippen, singt, so gut es gehen will!
Denn heute will ich fröhlich sein und danken.
Ich will berichten, was mein Gott getan hat.

## *Psalm 73*

Gott ist weiser, als ich dachte.
Um ein Haar wäre ich gestolpert.
Es fehlte nicht viel, dass ich ausglitt
und an seiner Gerechtigkeit irre wurde.

Denn ich sah, wie armselig leben müssen,
die selbst für ihr Auskommen sorgen,
und wie gut es den anderen geht.
Ich hörte den Wohlstand spotten:
Was bringt ihm sein Gott ein?
Lasst ihm Gott und gebt mir die Welt!

Blicke ich auf die Schwielen an meinen Händen,
auf die Falten, die meiner Mutter Stirn entstellen,
so denke ich manchmal:
Warum hältst du dich abseits?
Aber wenn ich mit ihnen spotten würde,
was könnte ich ändern?
Darum schwieg ich lange und dachte nach.

Bis ich Gott genauer als früher sah,
ihn schreien hörte in seiner Todesnot.
Die Starken spotteten über ihn
mehr als über einen anderen.
Doch ich entdeckte an seinem Kreuz
seine tiefe Liebe zur Menschheit:

Ich sah Jesus unter den Armen,
sah ihn essen, wo kein Wohlstand einkehrt.
Ich entdeckte ihn an der Seite der Verzweifelten
und auf den Wegen der Verstoßenen.
Plötzlich sehe ich die Tische der Wechsler stürzen,
sehe sie greifen nach dem Geld
und nach dem Nichts.

Wo hatte ich meinen Verstand?
Ich war wie ein Tier,
ein Blinder, der die Farben verwechselt!
Doch nun halte ich fest an dir.

Denn du hältst meine Hand.
Du führst durch Zweifel zum Lob
und nimmst uns endlich wie Brüder auf.

## *Psalm 74*

Sträucher wachsen in den Mauern,
junge Birken durch die Fenster.
Wie ist alles so öde geworden!
Kaum einer noch findet den Weg zu dir.
Ich will nicht viel Worte machen,
denn auch Worte gelten nicht mehr.
Warum behältst du die Hand in der Tasche
statt zu helfen, mein Gott?

Du hast doch früher geholfen.
Heißt es nicht, du hättest die Gestirne gerufen,
das Leben geweckt auf dieser Erde?
Hättest großes Staunen erregt unter den Deinen
damals am Schilfmeer, als sie flohen,
damals am Grab, als man dich bewachte?

Sollen die Vögel, die starken Greifvögel
deine Taube zerreißen,
dass sie im dunklen Winkel verendet?
Dass der Arme dem abgeben muss,
der ihm neidet,
der nichts hat, von seinem Nichts noch abtreten?
Steh auf, mein Gott, geh ans Werk
und höre den Klageruf aller, die klagen.

## *Psalm 75*

Wir danken dir,
ja, wir danken dir, Gott,
dass du so nahe bist.

„Ja", spricht der Herr,
„ich will bei euch sein.
Mag die Erde beben,
mögen die Menschen erblassen,
euch halte ich fest
an meiner Hand."

Es trifft dich nicht blind
und auch nicht von hinten,
es kommt weder von links oder rechts
noch von ungefähr,
sondern Gott schickt es alles:
den wirft er um, den richtet er auf.

Sein Buch ist geöffnet,
kein Blatt unbeschrieben.
Du musst auch das Kleingedruckte,
musst alles buchstabieren.
Glücklich, dem Gott nahe ist!
Er ist uns näher als unser Geschick.

## *Psalm 82*

Gott schlägt die Akten auf,
als säße er im Gericht,
und fragt: Was macht ihr?
alle, die zu Gericht sitzen.
Wie lange wollt ihr Recht sprechen,
als gäbe es keine Normen?

Den Armen gebührt gleiches Recht!
Fördert die Elternlosen nach ihren Gaben!
Die andere Sprache und Sitten haben,
anderen Rassen und Völkern entstammen,
warum behandelt ihr sie nicht wie euresgleichen?
Warum seht ihr auf das Konto eurer Klienten?

Gut. Ihr lasst euch nicht dareinreden!
Also tappt wie im Finsteren,
bis die Fundamente der Völker wanken
samt euren Stühlen.
Ich habe euch euren Auftrag gegeben.
Richtig. Ich werde ihn euch entziehen.

Ja, Herr,
so sollst du dein Recht sprechen!

## *Psalm 84*

Wie ist mir dein Haus lieb geworden!
Jeden Sonntag freue ich mich auf das Fest der Gemeinde.
Die Taube hat einen Schlag gefunden,
die Schwalbe ein Nest für ihre Jungen.
Glücklich, die sich hier daheim fühlen,
die deine Glocken nicht hören
auf dem Krankenbett ohne Wehleid.

Wer von dir Stärke empfängt
und deinen Worten folgt von ganzem Herzen,
den kann eine Durststrecke nicht erschrecken.
Er wird selbst in der Wüste deine Wasser entdek-ken.
Er geht von einer Kraft zur anderen.

Darum ist eine Stunde in deinem Haus
besser als tausend sonst
oder zehntausend im Haus der Verzweifelten.
Gott wird kein Gutes mangeln lassen,
die ihn darum bitten,
die ihn für andere bitten.

## *Psalm 85*

Einst war er gnädig der Welt,
einst hat er viel für seine Menschheit gegeben.
Er suchte sie in ihrer Krankheit und in ihrer Not
und vergab, wenn sie ihn beleidigt hatten.

Einst warst du gnädig mit allen.
Du hast ihre Strafe auf dich genommen
zugunsten einer weltweiten Amnestie.
Sieh uns gnädig an, wenn wir heute beten.

Ja, seine Hilfe ist nahe denen, die ihn suchen.
Da werden Treue und Vertrauen
ineinander greifen.
Recht und Friede werden sich
wie Freunde umarmen.
Liebe wird erblühen wie eine Braut.

Recht wird den Ältesten und Recht den Jüngsten.
Um seiner Hautfarbe willen wird keiner verachtet.
Gerechtigkeit wird vor ihm hergehen
und seinen Schritten folgen.

*Psalm 90*

Noch ehe die Kruste der Erde sich festigte,
ehe sich der erste Lebenskeim regte,
warst du, unser Gott.
Und rufst du: Kommt wieder,
nimmst du zurück, was du gabst,
müssen wir sterben.

Die dich rühmen, haben ihren Tag gewonnen.
Ja, die Arbeit unserer Hände lasse gedeihen!

So stehst du am Anfang des Lebens,
an seinem Ziel.
Wie viel gilt bei dir die Stunde, was Jahre?
Nichts! Ein Pendelschlag.
Vertropft wie das Wasser.
Morgens erblüht wie das Gras,
abends gefressen.

Die dich rühmen, haben ihren Tag gewonnen.
Ja, die Arbeit unserer Hände lasse gedeihen!

Doch warum ist unserem Leben
nicht das vergönnt, dass es bleibt,
und warum müssen wir gehen,
ehe man begreift?
Du kennst, was uns mangelt,
was die Gemeinschaft zerstört,
wir oft nicht ahnen.

Die dich rühmen, haben ihren Tag gewonnen.
Ja, die Arbeit unserer Hände lasse gedeihen!

Gib Einsicht in dieses Geheimnis von Jugend an,
dass wir unsre Jahre weise verwenden,

nicht nur als Geschwätz!
Da siebzig, dort neunzig:
Wer sie an andre verschenkt,
lobt noch im Sterben.

Die dich rühmen, haben ihren Tag gewonnen.
Ja, die Arbeit unserer Hände lasse gedeihen!

## *Psalm 91*

Fürchtet nicht die Pfeile des Spottes,
die am Tage fliegen,
oder Bazillen, Viren und Krebs,
die auch nachts nicht ruhen.
Hundert verunglücken mit deinem Flugzeug
und zwanzig an deiner Straße,
doch du bleibst am Leben.
Mit eigenen Augen wirst du es sehen.

Der Herr ist unser Schutz am Tag der Angst,
unser Verlass in der Stunde des Schreckens.
Wie oft hält er das Übel fern!
Als legte er Nebel um uns,
dass uns die Not nicht finden kann.
Als pflanzte er ein Dickicht,
durch das sie nicht zu dringen vermag.

Ja, spricht der Herr:
Er folgt mir, darum helfe ich ihm.
Sie loben mich, darum will ich sie erhalten.
Ich will ihnen zeigen, was zu tun ist.
Ich will ihnen Aufgaben zuweisen,
dass sich ihr Leben lohnt.

## *Psalm 96*

Singt dem Herrn, alle Völker.
Ein neues Lied soll es sein.

Lobt den Namen des Herrn überall,
erzählt von der Größe unseres Gottes.
Da ist keiner so hoch zu loben wie er,
keiner zu fürchten wie der Unsichtbare.
Denn Maskottchen sind wohlfeile Einbildung,
er aber schafft das Leben.

Gebt unserem Gott die Ehre!
Bringt eure Gaben zu Ehren seines Namens.
Betet ihn an im festlichen Kleid,
im Schmuck der Lichte, Blumen und Girlanden!
Sagt euren Dank laut, dass alle es hören,
wem ihr zu danken habt.

Im Felde neigen sich die Garben,
seht: die Bäume recken sich stolz vor ihm,
darüber schwebt das Loblied der Lerchen
und nachts der glitzernde Reigen der Sterne!
Der Herr kommt in sein Reich,
mit ihm Hoffnung und Recht auf das Leben.

## *Psalm 97*

„Wenn der Herr kommt“, so singen wir,
„wenn unser Gott kommt, sind wir fröhlich.“

Er kommt nicht nur, Zerstreute zu sammeln,
sondern er tritt vor alle Menschen:
Der Schöpfer selbst kommt zu seiner Schöpfung.
Da treten heraus, die sich geschmückt haben,
alle, die ihn in ihren Herzen tragen,
ihm einen würdigen Empfang zu bereiten.

Er kommt nicht, Geschlagene zu treten
und Verstörte zu belasten
mit der strengen Forderung, ein strenger Richter.
Sondern er bringt den Verwirrten Trost,
Friede und Freude allen, die ängstlich zittern:
Die Gestraften kommt er zu retten.

Singt mit uns ein fröhliches Lied!
Feiert mit uns die Ankunft Gottes vor allen!
Das Leben, das er gibt, helft allen erhalten!
Singt trotz eures kleinen Glaubens!
Denn er wird keinen verlieren, der ihm gehört,
keiner wird sie aus seiner Hand reißen.

## *Psalm 98*

Singt dem Herrn neue Lieder;
denn neu sind seine Wunder!

Er wird uns auch im neuen Jahr geleiten.
Sieh dein Leben an:
Er stand dir täglich bei!
Seht auf euren Weg:
Was recht ist, war näher, als ihr ahntet!
In unserer Schwachheit wirkt seine Kraft,
sein Sieg in unserem elenden Wort.
Spötter mussten vor uns schweigen,
die nicht wollten, sahen wir beipflichten.
Wer könnte seine Wunder übersehen?

Singt dem Herrn, ihr Völker,
stimme ein, Erde, rühme ihn, All!
Auf der Orgel sollt ihr ihn loben
mit allen Registern, mit dem Schlagzeug,
mit der zarten Flöte und im Chor der Trompeten:
Singt, lobt und trällert ihm täglich.
Sturm tobe, zische, tosendes Meer!
Ihr Wildbäche, lasst euch hören,
hohe Gipfel, euch sehen,
weil der Herr das Jahr beginnt.

Groß sind die alltäglichen Wunder,
und keiner wird sie jemals aussingen können.

## *Psalm 103*

Lobt, ihr Lippen, den Herrn,
all meine Sinne, euren Gott!
Lobt, ihr Lippen, den Herrn
und vergesst nichts von seinen Geschenken:
Deine Fehler hat er verziehen,
Irrtümer korrigiert und Mängel beseitigt;
in Gefahr stand er bei dir,
hat mit Freundeshand dein Leben geglättet.
Angst verschloss deinen Mund –
er machte dich wieder fröhlich,
und du bist jung wie nie.

Barmherzig und gnädig ist der Herr,
voll Geduld und voll Güte.
Er zürnt nicht über den Abend hinaus,
straft nicht, wie wir es verdienen.
Denn so weit das All ist: Jahrmillionen,
so groß ist sein Herz.
Er ist dein gütiger Freund.

Er weiß, was wir sind, der uns schuf,
kennt das Wesen des Menschen:
Ein wenig Material, nett anzusehen
und brauchbar für seine Funktion,
aber wie rasch verbraucht und verworfen!
Glücklich, über den der Herr seine Hand hält,
in seinem Alter und in kranken Tagen!

Lobt, ihr Lippen, den Herrn
und vergesst nichts von seinen Geschenken!

## *Psalm 113*

Wir wollen den Herrn loben
gemeinsam mit allen, die einstimmen möchten.
Wir wollen ihn loben, bis die Stimme erlischt.
Wenn der Wecker den Tag weckt
bis wir müde ins Bett sinken,
sei der Name des Herrn gelobt!

Überall die Spuren seiner Macht,
wohin die Sonne blickt:
wo du gehst
und im tiefblauen All.
Wir wollen den Herrn loben.
Wer ist wie der Herr, unser Gott?

Der mit den Menschen umgeht
wie mit den eigenen Freunden.
Dem Verzagten hilft er in seiner Aufgabe,
dem, der nichts hat, zum Platz im Licht,
wo wichtige Entscheidungen fallen,
Entscheidungen für viele Menschen.

Der sie anerkennt in jeder Stellung,
auf welcher Stufe sie immer stehen.
Er schenkt der Frau die gleichen Gaben,
Schwung, Fleiß und Kraft,
ihren vollen Wert
und erkennt sie an.

## *Psalm 116*

Ich habe den Herrn lieb,
und ich sage auch gern, warum:
Als ich nach ihm rief, hat er mich gehört.
Darum will ich ihn rufen mein Leben lang.

Nach dem, wie meine Verwandten blickten,
was mir sagten, die es wissen müssen,
hatte ich mit dem Schlimmsten zu rechnen.
Wie klein erschien mir plötzlich mein Leben,
wie nutzlos – ja so ist das!
Aber ich rief: Herr, bitte, jetzt noch nicht!

Du heißt doch „gnädig und gütig“,
dich nennt man „barmherzig“,
es heißt, du nehmest ein Stammeln für voll,
das würdelose Stöhnen der Kranken.

Nun bin ich wieder ruhig.
Die Gefahr ist vorüber.
Er ließ mich nicht ins Bodenlose stürzen,
nicht dahin legen, wo kein Auge mehr weint.
Gewiss, Schmerzen sind geblieben,
aber mein Vertrauen ist fester als je.

Als ich ihn rief, habe ich ihm etwas versprochen.
Das soll nicht vergessen sein!
Sollte ich ihm leere Worte geben?
Wie die Gabe gewichtig sei auch mein Dank.

## *Psalm 118*

Diesen Tag hat der Herr uns geschenkt.
Diesen Tag wollen wir fröhlich miteinander sein.
Ihr Chöre singt: Wir danken dem Herrn!
Ihr Bläser ruft: Wir danken dem Herrn!
Ihr von der Gemeinde
und auch ihr Kleinen in der Kurrende.

Denn er hat unsere Not auf sich genommen.
„Ich will alle ihre Sorgen tragen,
ich will ihren Jammer auf mich nehmen.
Sie umgeben mich von allen Seiten,
aber im Namen des Herrn, unseres Gottes,
nach dem Willen des Vaters will ich es tragen!"

Froh besingt man seinen Sieg in den
Straßenzügen: Die Rechte des Herrn ist erhöht;
die Rechte des Herrn behält den Sieg.
Er musste sterben, um zu leben,
dass wir des Herrn Werke verkünden,
dass wir rufen: Er lebt unter uns!

Öffnet die Tore, dass er hereintreten kann
und mit ihm alle, die nach ihm fragen.
Die Meister verwarfen den Block,
aber Gott wählte ihn für das Fundament.
Diesen Tag hat der Herr uns geschenkt.
Das ist ein rechter Tag, ihm zu danken.

Steht auf! Der Lebendige tritt ein!
Hosianna! Kyrie eleison! Maranatha!
Zündet die Kerzen an, die österlichen Kerzen,
bringt ihm frohe Lieder, tragt festliche Kleidung.
Blumen und junges Grün dürfen nicht fehlen.
Das Beste ist gerade noch gut genug.

## *Psalm 119*

„Du zeigst mir offene Straßen,
wo ich glaubte, die Tür sei geschlossen,
hart verschlossen, was gestern geöffnet stand,
und mit dir zu hadern begann;
in Tiefen führst du mich und auf Höhen“,
soll deine Kirche sagen.

Wer rechtschaffene Arbeit rührig anfasst,
quält seinen Tag nicht nutzlos durch die Stunden.
Hände packen das Werk fröhlicher an
– ob die Last bekannt ist,
ob sie plötzlich kommt – Menschen
nehmen entschlossener ihren Tag auf,
merkt man, dass das Herz voll ist von Dank.

Täglich lädst du uns an gedeckte Tische,
kommst mit reichen Gaben in unser Haus.
Das Jahr steigt, und Jahre fallen:
immer empfingen wir von dir das Beste.
Du hast deine Hilfe keinem versagt,
gabst uns oft mehr, als wir erbaten.

Darum fragen wir nach deinem Rat,
ehe der Tag beginnt, ehe wir uns legen,
und du versagst uns nicht die Gabe aller Gaben,
Chancen zu entdecken,
jenes kleine Maß Phantasie,
das benötigt wird für jeden Tag,
aus deinem Wink zu erfahren, was anderen nutzt.

## *Psalm 121*

Wohin soll ich mich wenden, wohin,
wenn ich allein nicht weiter weiß?
Ich suche ihn und einen Kreis
von Menschen, die auf Christus sehn.

Sie suchen Hilfe für diese Welt
am Hügel draußen vor der Stadt,
auf dem der Herr gelitten hat,
der keinem seine Schuld vergilt.

Sie sind das Auge Christi bei euch,
sie hören dich mit seinem Ohr,
nach draußen geh'n sie aus dem Tor,
und wo sie sind, ist Christi Reich.

Die Not ist groß, die Kraft ist zu klein:
Der geht mit uns bei Tag und Nacht,
der über Gehen und Kommen wacht,
er selbst muss unser Helfer sein.

## *Psalm 122*

Ich freute mich über die, die mir sagten:
Komm mit uns zum Haus des Herrn.
Nun stehen wir vor deinem Altar,
bereit, auf deine Stimme zu hören.

Unsere Kirche wurde errichtet,
damit man in ihr zusammenkommen könne,
damit alle gemeinsam sind,
ihm ein schönes Lied zu singen
und seinen Namen zu erheben.
Wir wünschen Glück den Künstlern,
die dich ausschmücken,
allen, die des Herrn Haus lieben.
Friede möge gepredigt werden,
solange diese Mauern stehen!
Um der Armen und Verachteten,
um unserer Brüder willen,
wollen wir diesem Haus Frieden wünschen
und um dieses Hauses willen
wollen wir der Menschheit Bestes suchen.

## *Psalm 126*

Wenn der Herr die Lager liquidiert,
werden wir wie in einem Traum wandeln.
Unsere Augen werden übergehen vor Freude,
vor Staunen werden wir stumm sein und lachen.
Dann werden die Völker sagen:
Der Herr hat Großes an ihnen getan!

Der Herr hat ein Wunder an uns getan!

Den Stacheldraht, Herr, das Symbol der
Unmenschlichkeit
tilge aus dem Gedächtnis des Menschen!
Richte das Recht auf für alle,
wie du das Grün sprossen lässt,
das zarte Grün im Frühling,
das durch das Eis bricht.

Die unter Tränen gehen,
werden Lachen pflücken.
Sie gehen hin
und weinen im Eiswind
und kommen und pflücken bunte Sterne
von Gottes Wiese.

## *Psalm 127*

Wenn Gott der Herr das Haus nicht baut,
bricht mehr entzwei, als haltbar war.
Dann flieht der Schlaf, die Hoffnung gar,
in Arbeit seinen Tag zu fliehen.

Doch wem der Herr die Liebe schenkt,
dem gibt er mehr und wie im Schlaf,
als er im kühnsten Traum antraf,
als ob er sieben Leben hätte.

Und sieht die Frau in ihrem Kind
ein Stück von ihrer Liebe an
und sieht sich selbst und ihren Mann,
dann hat sie zweimal mehr bekommen.

Wem Gott der Herr das Haus gebaut,
der hat viel mehr als Geld und Glück:
er hat von Gottes Herz ein Stück,
er hat sein Leben lang zu danken.

## *Psalm 128*

Glücklich, wenn zwei miteinander eins sind,
so eins, miteinander zu singen und zu beten.
Ihr habt es gut!

Vier Hände schaffen mehr als zwei,
und den Betern lässt es der Herr gelingen.

Euren Kindern öffnet ihr den Weg ins Leben,
jeder kleine Fortschritt ein großes Erlebnis.

Wie eine Mannschaft auf hoher See:
jedem seine besondere Aufgabe
und allen gemeinsam der Fang.

Der Herr wird dich segnen dein Leben lang
und deinen Kindern schenken, wie er dir gab.

## *Psalm 130*

Aus der Verlassenheit rufe ich, Herr.
Mein Gott, höre doch auf mich,
lass meinen Schrei in deine Ohren ein!

Würdest du anrechnen, was trennt:
Nicht einer könnte am Leben bleiben.
Aber du streichst es aus in Liebe.

Darum erwarte ich dich, mein Gott,
mein ganzes Wesen wartet
auf ein Wort von dir.

Wie Leute auf einem Wrack das Meer absuchen,
wie sie alles auf das kleinste Zeichen setzen,
warte ich auf einen Wink von deiner Hand.

Auf Gott dürft ihr hoffen,
die ihr ihm vertraut!
Denn er kommt, er legt nieder
alles, was euch von ihm trennt.

## *Psalm 131*

Mancher strebt weit hinaus
über alles, was ihm erreichbar
und für ihn zuträglich ist.

Glücklicher, wer seine Grenzen erkennt
und bescheiden wird
vor dir, mein Gott.

Wie ein Kind still wird
auf dem Schoß seiner Mutter, an ihrer Brust,
so bin ich still geworden vor dir.

Hofft auf Gott,
heute
und von Generation zu Generation.

## *Psalm 133*

Wenn Menschen einander zugetan sind,
wenn Menschen einander beistehen,
wie hell strahlt dann die Sonne!

Die Arbeit hüpft wie ein Ball beim Spiel
von einer Hand zur anderen.
Worte fließen wie Strahlen über bloße Haut,

wie zarte Tropfen im Mai,
wie Tropfen, die von Stein zu Stein hüpfen,
und Gott lässt alles prächtig gelingen.

## *Psalm 133*

Da wollen wir nicht abseits steh'n,
wenn Brüder beieinander sind,
nicht jeder gleich, doch gleichgesinnt,
und auf das gleiche Ziel hin geh'n.

Das Singen klingt wie nie zuvor:
Was man nicht kennt, hört man sich an,
und weil ein jeder etwas kann,
trägt jeder seine Lieder vor.

Und wie im Liede man gehört,
bespricht man dann, was uns vereint,
und dieser hört, was jener meint,
wobei ein falsches Wort nicht stört.

So springt das Lied, so fließt das Wort
von Ohr zu Ohr, von Mund zu Mund
wie Wasser bis zum Brunnengrund
und springt und fließt im Alltag fort.

Da können wir nicht abseits steh'n.
Denn Gott schenkt mehr, als wir gedacht,
wenn wir die Lieder ihm gebracht
und wie Geschwister uns versteh'n.

## *Psalm 134*

Öffnet eure Lippen, eure Hände weit
und bringt dem Herrn
das Beste von euren Gaben!
Lasst euer Licht leuchten
an der Schwelle der Nacht,
unserem Gott zur Ehre!

Der Herr öffne seinen Mund,
der das Leben schuf, seine Hände
und schütte reichlich über euch aus
von seinen Gaben!

## *Psalm 135*

Wir wollen dem Herrn ein Loblied singen,
weil wir uns dazu eingefunden haben,
ihm einen würdigen Dank abzustatten.
Er ist unser Loblied wert.

Ja, wir wissen, dass der Herr groß ist:
Alles, was er sich vornimmt, muss geschehen.
Wer führt das brauchbare Wetter herbei?,
unsere Kinder: wer schenkte ihnen das Leben?

Wer schlug, die ganze Völker verführten,
die uns ins Unglück stürzten, mit Blindheit?
Geschieht ein Unglück ohne sein Wissen,
die kleinste Hilfeleistung ohne seinen Beitrag?

So gelangen oft die Kleinen zu ihrem Recht,
die nichts fordern und ahnen, zu einem Erbe.
Aber die sich auf Götter verlassen,
auf gekaufte Figuren, gehen irre.

Das sieht schön aus: Gold, in Platin gefasst,
und hört sich harmlos an: fast nur Folklore,
aber man erwartet von ihm das Glück,
von Holz und Blech,
das Kunsthandwerker veredelt haben!

Wir erwarten unser Teil vom Herrn:
Leben und Beruf haben wir von ihm empfangen,
Begabung, unser Auskommen und alles,
nicht zu vergessen den Urlaub
und die netten Freunde.

*Psalm 136*

Dem Herrn sollt ihr danken,
der ins Leben ruft aus dem Nichts,
        dessen Sonne nicht untergeht.

Wer setzte der Natur die Gesetze,
die die Forscher mit Staunen enthüllen?
        dessen Sonne nicht untergeht
Nukleare Reaktionen, die uns das Sonnenlicht
gewähren, Meteoritenschwärme, die unseren
Verstand herausfordern?
        dessen Sonne nicht untergeht
Die Elektronen, kleiner als Atome,
Kräfte, denen wir unser Leben verdanken?
        dessen Sonne nicht untergeht

Wer gab sein Leben als Opfer für viele,
dass wir frei würden
von Selbstsucht und Überheblichkeit?
        dessen Sonne nicht untergeht
Setzte alles auf die eine Karte
und nahm die ganze Last unserer Abwehr
auf sich?
        dessen Sonne nicht untergeht
Schwieg, als er hätte reden können,
und starb, an der Spitze eines langen Zuges?
        dessen Sonne nicht untergeht

Wer sucht sich, die er für sein Werk
brauchen kann,
Kinder und Frauen, die kleinen Leute, die er liebt?
        dessen Sonne nicht untergeht
Verpflichtet uns, gerechte Verhältnisse zu schaffen,
ob wir es wünschen oder uns dagegen sträuben?
        dessen Sonne nicht untergeht

Männer, die sich gegen ihn stellen,
an denen er sich ein Beispiel schafft?
        dessen Sonne nicht untergeht.

Dem Herrn sollt ihr danken,
        dessen Sonne nicht untergeht.

## *Psalm 137*

Wir sitzen an den Wassern der Welt,
vom Entsetzen gelähmt.
Unsere Instrumente sind verstummt.
Sie spotten über uns:
Singt ein Lied von der Liebe,
von der Liebe eures Gottes!

Wie könnten wir ein Lied singen,
getroffen am Herzen Gottes?
Wer seinen Gott vergisst,
dessen Stimme wird verdorren.
Noch ist der Gott der Liebe
der Grund meiner Freude.

Herr, rette ihre Kinder
vor dem Geschwätz ihrer Väter!
Wer Kinder und Frauen umbringt,
lästert den Schöpfer,
und wer Mördern das Paradies verheißt,
mordet den eigenen Gott.

## *Psalm 138*

Ich danke dir von ganzem Herzen.
Meinen Dank kann ich nicht bei mir behalten.
Darum will ich dich vor deinem Altar loben.

Denn du hast mir ein herrliches Wort gegeben,
als ich verlassen war, hast du es mir geschenkt,
ein Wort, das die ganze Welt verwandelt:
Als ich dich rief, nahmst du mir die Angst,
und als ich es bedachte,
war da nur Güte und Treue.
Denn du hast „Du“ zu mir gesagt!

Das können alle bestätigen, mit denen du sprachst,
die Kleinen und die Großen, und selbst Männer,
zu denen die Welt aufblickt:
Dass du den Niedrigen magst,
aber die Nase, die hoch erhobene Nase
entdeckst du von ferne.

Weil du mich hörst, wenn mich die Angst packt,
weil du die Not kennst, noch ehe ich davon rede,
gehe ich gestärkt aus meinem schweren Tag.
Der Herr wird meine Sache hinausführen,
er wird sich auf meine Seite stellen,
er wird seinen Freund nicht warten lassen.

## *Psalm 139*

Du kennst mich, Herr.
Ob ich am Schraubstock stehe, im Garten grabe,
du weißt es längst.
Was könnte vor dir verborgen sein?
Was ich denke, wenn ich jetzt singe:
Ehe ich meinen Mund öffne,
kennst du mein Wort.
Du verstehst mich besser als ich selbst.
Das geht über meinen Verstand!

Solange wir das nicht bedachten,
kannten wir nichts von dir, unser Gott!

Wohin soll ich fliehen, wenn du nach mir fragst,
wenn du Verantwortung forderst,
wohin mich verstecken?
Was nützte es mir, dich zu leugnen?
Kann auch der Selbstmord mich dir entziehen?
Bei der Flucht ins tiefblaue All:
Dein Auge stürzt mit,
ruht auf mir, sieht durch mich hindurch,
und ich müsste dich neben mir entdecken!

Solange wir das nicht bedachten,
kannten wir nichts von dir, unser Gott!

Ehe mich meine Mutter gebar,
hast du mich gekannt,
ich wuchs unter ihrem Herzen nach deinem Plan.
Jahre vor meiner Geburt schriebst du
mein Tagebuch,
lange, ehe meine Eltern sich fanden.
Wie könnte ich mich der Verantwortung
vor dir entziehen?

Welchen Sinn könnte es haben,
vor dir zu leugnen?
Was ich war und bin, weißt du, was ich werde.
Das geht über meinen Verstand!

Solange wir das nicht bedachten,
kannten wir nichts von dir, unser Gott!

## *Psalm 142*

*Ein Ruf aus der Einsamkeit*

Leise flehe ich zu meinem Gott,
leise, dass es die andern nicht hören,
die über meine Worte spotten.
Vor ihm schütte ich mein Herz aus
und erzähle ich meine ganze Not.
Denn er hat ein Ohr für die Verlassenen,
den Einsamen lässt er nicht allein.

So viele Menschen rings um mich,
und kein Freund!
Wohin ich sehe: überall Fremde!
Man bekommt kaum ein Zimmer,
so viele sind es,
und doch will keiner den anderen kennen!
Höchstens dass man ihm Stöcke
zwischen die Beine wirft.

Du aber, Herr, siehst meine Einsamkeit.
Höre auf meine Klage und hilf mir.
Wenn du einen verwandelst,
dass er mich anhört statt zu spötteln,
dass er mit mir eine Straße geht oder zwei,
dann werde ich frei, zu anderen zu gehen
und mit ihnen dein Lob zu singen.

## *Psalm 146*

Lobe den Herrn, meine Stimme.
Ich will dem Herrn danken, solange ich lebe,
unserem Gott Lieder singen, solange ich kann.

Viele verlassen sich auf ihre Kraft,
auf die fünf Sinne, die er gab.
Aber sie scheitern nicht anders als ich,
wenn ich mich klüger stelle, als ich bin.

Glücklicher, wer auf unsern Gott vertraut,
der dir ein Licht gibt jeden Tag:
Helfer bestellt er, noch ehe du rufst.
Hungrigen schafft er Brot und dazu Recht.

Niedergeschlagnen gibt er neuen Mut,
lässt auch die Geisel nicht im Stich.
Den der auf Kosten der anderen lebt,
setzt er, geblendet, in das goldne Nichts.

## *Psalm 147*

Halleluja!
Ein Loblied für unseren Gott,
ein schönes Danklied zu singen, tut wohl.

Wer sammelt die Einsamen zur Gemeinschaft?
Wer richtet Geschlagene wieder auf?
Dem alle Welten folgen nach Gesetzen,
ferne Gestirne nach den Gesetzen seiner Macht!
Er verbindet die Wunden der Gestürzten,
aber den Hochmut stößt er zu Boden.

Flöten sollen das Danklied begleiten!
Denn der Herr schenkt Blumen
und Gras dem Kleinsten
und vergisst kein Tier an seinem bösen Tag.
Gezwitscher hört er lieber
als die Schreie von Bremsen,
kindliche Bitten eher als das Toben von Männern.
Ihm gefallen, die auf seine Güte setzen.

Der Herr schafft uns einen starken Frieden.
Er sättigt die Hungrigen mit gutem Weizen:
Sein Befehl weckt die Frucht zur gesetzten Zeit,
dass die Menschen zufrieden und dankbar werden.
Er öffnet den Blick für die Sorgen des anderen.
So wächst der Friede durch unsern Rat und Tat.

## *Psalm 148*

Wenn wir unseren Gott loben,
singen wir nie allein.

Seht auf die Sonne: Mit taufrischen Strahlen
führt sie das Loblied des Morgens herauf.
Vergesst die Sterne nicht: vor Jahrmillionen
haben sie funkelnd das Lob begonnen.
Steine, über die das Wasser springt,
Tropfen, die auf euer Dach platschen,
Stäubchen im Gegenlicht:

Wenn wir unseren Gott loben,
singen wir nie allein.

Das Gewitter rührt die Trommeln,
Vögel suchen die Oberstimmen,
Schnee und Hagel: ein Schlagzeug Gottes,
der Sturmwind sein Alt,
und dein Auto träumt im Tenor.
Selbst die stummen Fische
springen über das Wasser,
ein Zimbelstern in Gottes Orchester.

Sollte etwa die Braut schweigen,
wenn wir singen?
Oder die Bärtigen mit ihren Gitarren?
Sollten die Kinder nicht einfallen
und all die gelehrigen Alten?
Das Feuer singt im Ofen
und über unseren Straßen der Draht,
auf dem der Wind spielt.
Wer könnte da schweigen,
nicht einstimmen wollen
in das Lob unseres Gottes?

## *Psalm 149*

Singt vor dem Herrn ein neues Lied
und feiert mit uns in großer Zahl!
Denn der Herr ist es wert, dass man ihm dankt,
er ist würdig, gefeiert zu werden.

Ihr Kleinen: mit Orff'schen Instrumenten,
und ihr Großen: mit Gitarren und Schlagzeug,
ja, schließt die Verstärker an,
dass es in den Mauern halle!
Denn der Herr ist es wert, dass man ihm dankt,
er ist würdig, gefeiert zu werden.

Er bat uns, die Menschen anzunehmen,
die an andern leiden: die man beraubt hat
um Wohnung, gerechten Lohn;
dass geschehe, was gerecht ist.

Er bat uns, zu leiden mit den Kranken,
die nichts leisten, mit Verzagten und Schwachen.
Er schafft die Gerechtigkeit
allen, die sonst leer ausgehen.

Singt vor dem Herrn ein neues Lied
und feiert mit uns in großer Zahl!
Denn der Herr ist es wert, dass man ihm dankt,
er ist würdig, gefeiert zu werden.

## *Psalm 150*

Wenn ihr euren Gott loben wollt,
vergesst nicht, was er euch schenkte!
Wenn ihr ihm danken wollt,
denkt an sein Geleit!
Dann klingen eure Lieder fröhlicher,
und eure Orgeln beginnen zu jubeln
in anderen Registern,
in den ungeahnten Stimmen der Erlösten.
Dann genügen euch die Posaunen nicht,
ihr benötigt noch Pauken!
Dann sind Geigen zu zahm
und Flöten gerade noch zart genug.
Vergesst die Triangel nicht,
die Triangel für die hellen Tupfen!
Vergesst nicht, was er euch schenkte,
wenn ihr euren Gott loben wollt.